INGLÉS FLUIDO MAX

Introducción

Como estudiante de inglés, estás dando el primer paso para abrir un mundo nuevo de oportunidades. Ya sea que desees comunicarte mejor en tus viajes, expandir tus posibilidades laborales o simplemente enriquecer tu vida personal, aprender inglés puede abrirte muchas puertas.

Sí, aprender un nuevo idioma puede parecer abrumador al principio, pero **con dedicación, práctica y la mentalidad correcta, cualquier persona puede hacerlo.** En este libro, te guiaremos a través de los conceptos básicos de la gramática, la pronunciación y el vocabulario para que puedas empezar a hablar y entender inglés desde el primer día.

A medida que aprendan inglés, descubrirán que hay muchas maneras en que el idioma puede enriquecer sus vidas. Podrán leer libros y ver películas en inglés, conversar con hablantes nativos de inglés y comprender mejor la cultura de los países de habla inglesa.

Este libro está diseñado para ayudarlos en su viaje para aprender inglés, desde las reglas básicas de gramática hasta la pronunciación y el vocabulario. Con ejemplos claros y ejercicios prácticos, podrán mejorar sus habilidades en el idioma y sentirse más confiados al comunicarse en inglés.

No te preocupes si cometes errores o si te sientes inseguro al principio. Incluso los hablantes nativos de inglés cometen errores de vez en cuando. Lo importante es seguir adelante y no rendirse. ¡Este es el comienzo de una emocionante aventura y estamos aquí para ayudarte en cada paso del camino!

Además, la repetición y la práctica son claves para fortalecer estas nuevas conexiones y mejorar la retención del nuevo vocabulario en el cerebro. Cuando se repite y se usa el nuevo vocabulario en diferentes contextos y situaciones, las conexiones sinápticas se fortalecen y el cerebro puede acceder al vocabulario de manera más rápida y eficiente.

Es importante destacar que la motivación y el interés por el nuevo idioma también juegan un papel fundamental en el proceso de aprendizaje del vocabulario. Cuando se tiene una motivación y un interés genuino por el idioma, el cerebro está más dispuesto a formar nuevas conexiones y a retener la información de manera más efectiva.

Al aprender sobre las diferentes partes del discurso, la estructura de las oraciones y los tiempos verbales, los estudiantes pueden comenzar a formar y comprender frases básicas.
Sin esta base, puede ser difícil progresar a conceptos de gramática más avanzados y comunicarse efectivamente en inglés.

Además, dominar la gramática básica es esencial para construir confianza al hablar y escribir en inglés, lo que te ayudará a sentirte más cómodo/as y motivado/as para continuar su aprendizaje del idioma.

Step / paso 1

Etiquetar todos los objectos

"Etiquetar los objetos de tu entorno con sus nombres en inglés es una forma sencilla pero efectiva de sumergirte en el idioma y reforzar tu aprendizaje. Puede ser especialmente útil para los estudiantes visuales que se benefician de ver las palabras e imágenes juntas.

Además de etiquetar objetos en tu habitación, también puedes etiquetar objetos en otros lugares que frecuentes, como tu cocina, baño o oficina. Esto expandirá tu vocabulario y te ayudará a aprender nuevas palabras en contexto. También puedes etiquetar objetos en tu automóvil o en tu trayecto diario, como señales de pare, semáforos o edificios.

Etiquetar objetos en tu entorno también puede ser una actividad divertida y creativa. Puedes hacer tus propias etiquetas utilizando papel de colores, marcadores o pegatinas, o descargar e imprimir etiquetas prehechas de Internet. Incluso puedes desafiarte a etiquetar objetos en una habitación diferente cada semana, o hacer un juego preguntándole a amigos o familiares los nombres en inglés de objetos que hayas etiquetado.

En última instancia, etiquetar objetos en tu entorno es una forma práctica y atractiva de aprender vocabulario en inglés y reforzar tu aprendizaje a través de la repetición y el contexto."

Es más efectivo etiquetar los objetos de una forma que te resulte fácil de identificar. Por ejemplo, puedes etiquetar los objetos con etiquetas en inglés que sean claras, grandes y fáciles de leer. Es importante que las etiquetas se encuentren en un lugar visible, preferiblemente cerca del objeto que están etiquetando.

Trata de combinar el etiquetado de objetos con otras formas de aprendizaje, como la práctica de escuchar, hablar y leer en inglés. De esta manera, puedes utilizar los objetos etiquetados como herramientas de práctica en la vida cotidiana, lo que te ayudará a aprender el idioma de manera más efectiva.

Step / paso 2

Aprender por asociación

Aprender inglés por asociación significa conectar nuevas palabras de vocabulario con palabras, conceptos o experiencias familiares en lugar de simplemente traducirlas de tu lengua materna.
Este enfoque puede ser más efectivo porque te ayuda a recordar el significado de las palabras más fácilmente y a usarlas de manera más natural en las conversaciones.

Aquí hay algunos consejos para aprender inglés por asociación:

1. Para aprender los pronombre personales, piensas siempre en una persona que sea muy importante para ti, por ejmplo, puedes asociar she (chi) = ella con tu madre para que tu cerebro razone de una manera eficaz en el momento de recuerdar she.
2. Busca conexiones entre palabras en inglés y palabras en tu lengua materna. Por ejemplo, la palabra "restaurant" en inglés es similar a "restaurante" en español, por lo que puedes asociar las dos palabras para recordar el significado.
3. Usa imágenes o fotos para ayudarte a recordar palabras de vocabulario. Por ejemplo, si estás aprendiendo la palabra "apple", puedes asociarla con una foto de una manzana o con el sabor de una manzana.
4. Usa experiencias de la vida real para asociar palabras con sus significados. Por ejemplo, si estás aprendiendo la palabra "swim", puedes asociarla con un recuerdo de nadar en una piscina o en el océano.
5. Crea tarjetas de vocabulario con la palabra en inglés en un lado y una imagen o asociación en el otro lado. Esto puede ser una manera divertida y efectiva de memorizar el vocabulario.
6. Practica usando nuevas palabras de vocabulario en contexto. Por ejemplo, si aprendes la palabra "book", intenta usarla en una frase como "Me encanta leer libros". Esto te ayudará a recordar el significado y a usar la palabra de manera más natural en las conversaciones.

Al usar estos métodos, puedes aprender inglés por asociación y mejorar tu vocabulario y fluidez de manera más efectiva que simplemente traducir palabras de tu lengua materna.

Step / paso 3
Hablar contigo mismo

"Hablar contigo mismo puede ser una forma útil de practicar inglés, especialmente si no tienes con quién practicar o te sientes cohibido al hablar inglés con otras personas. Aquí te presentamos algunos consejos para aprovechar al máximo el hablar contigo mismo:

1. Establece un horario y lugar regular para practicar hablar. Puede ser por la mañana mientras te preparas, durante una caminata diaria o mientras realizas tareas del hogar.
2. Piensa en lo que quieres decir con anticipación. Planea algunas frases o una corta conversación contigo mismo. También puedes escribir algunas frases comunes o temas para practicar.
3. Usa un espejo. Practicar frente a un espejo puede ayudarte a ver tus expresiones faciales y lenguaje corporal, que son aspectos importantes de la comunicación.
4. Concéntrate en la pronunciación y entonación. Presta atención a cómo pronuncias las palabras y al tono de tu voz. Graba tu voz y escucha para identificar áreas de mejora.
5. Desafíate a ti mismo. Intenta usar nuevo vocabulario o frases que hayas aprendido recientemente. Esto te ayudará a reforzar lo que has aprendido y a ampliar tu vocabulario.
6. No te preocupes por cometer errores. Hablar contigo mismo es un ambiente seguro y cómodo para practicar. No seas demasiado duro contigo mismo si cometes errores, simplemente sigue practicando y mejorando.
7. Practica diferentes escenarios. Piensa en diferentes situaciones en las que podrías necesitar usar inglés, como ordenar comida en un restaurante o pedir direcciones. Practica estos escenarios para construir confianza para situaciones reales.

Recuerda que practicar inglés hablando contigo mismo es solo una herramienta en tu kit de herramientas de aprendizaje de idiomas. Es importante también practicar con otros, leer y escuchar inglés, y estudiar gramática y vocabulario para mejorar tu habilidad general en el idioma.

Prepara tu mente para un nuebo lenguaje

1. Establece objetivos realistas: Define objetivos alcanzables a corto y largo plazo que puedas ir cumpliendo. Celebra cada logro y continúa avanzando.
2. Aprende a través de tus intereses: Encuentra temas o actividades que te gusten y usa el inglés como herramienta para explorarlos. Por ejemplo, si te gusta la música, escucha y lee letras de canciones en inglés.
3. Aprende con otros: Encuentra un grupo de estudio o un compañero de conversación con quien puedas practicar y aprender juntos. Aprender en grupo puede ser muy motivador.
4. Crea un ambiente positivo: Asegúrate de tener un lugar cómodo y agradable para estudiar, con buena iluminación y sin distracciones. También puedes escuchar música relajante o tener elementos inspiradores a la vista, como frases motivadoras o imágenes de lugares que te gustaría visitar.
5. Aprende de tus errores: No te desanimes si cometes errores al hablar o escribir en inglés. En lugar de eso, usa tus errores como oportunidades para aprender y mejorar.
6. Celebra tus logros: Cada vez que logres un objetivo o sientas que estás mejorando en el inglés, celebra tus logros. Reconoce tu trabajo duro y avance y continúa motivándote a ti mismo para seguir adelante.

Recuerda que aprender un idioma es un proceso que requiere tiempo y práctica constante. Mantén una actitud positiva y perseverancia, y verás cómo tu nivel de inglés mejora día a día.

Furniture / muebles

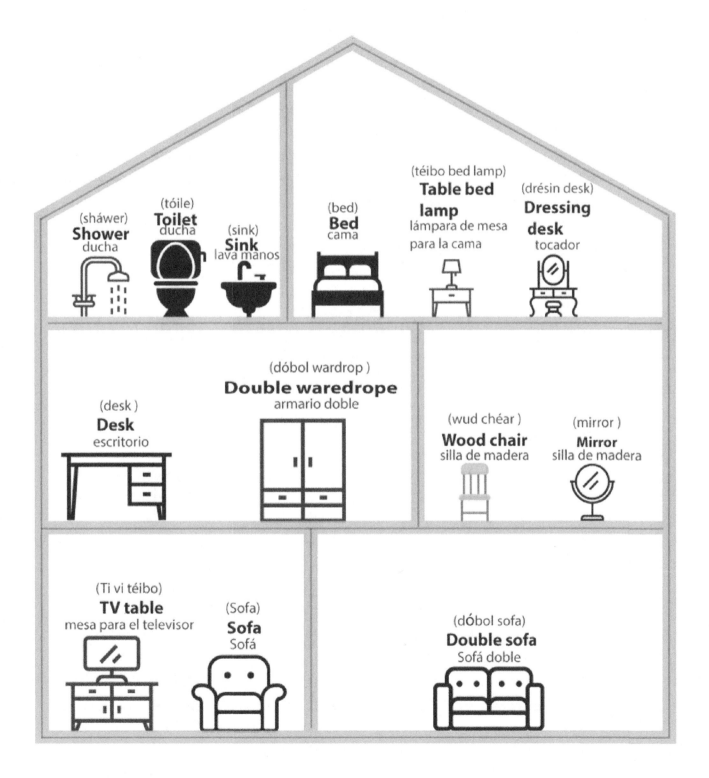

(sháwer)
Shower
ducha

(tóile)
Toilet
ducha

(sink)
Sink
lava manos

(bed)
Bed
cama

(téibo bed lamp)
Table bed lamp
lámpara de mesa para la cama

(drésin desk)
Dressing desk
tocador

(desk)
Desk
escritorio

(dóbol wardrop)
Double waredrope
armario doble

(wud chéar)
Wood chair
silla de madera

(mirror)
Mirror
silla de madera

(Ti vi téibo)
TV table
mesa para el televisor

(Sofa)
Sofa
Sofá

(dóbol sofa)
Double sofa
Sofá doble

Kitchen / Concina

(pléit)
Plate
plato

(náif)
Knife
cuchillo

(fork)
Fork
tenedor

(espún)
Spoon
cuchara

(wáinglas)
Wineglass
copa

(pan)
Pan
sartén

(cop)
Cup
taza

(típot)
teapot
tetera

(wisk)
Whisk
batidor

(pat)
Pot
olla

(estóv)
Stove
estufa

(frich)
Fridge
Nevera

Fruits / frutas

(watermélon)
Watermelon
(sandía)

(óranch)
Orange
(naranja)

(lémon)
Lemon
(limón)

(píar)
Pear
(pera)

(chéri)
Cherry
(cereza)

(gréip)
Grape
(uva)

(estróbery)
Strawberry
(fresa)

(banána)
Banana
(banana)

(ápol)
Apple
(manzana)

Vegetable

(toméiro)
TOMATO
tomate

(spinich)
SPINACH
espinaca

(sóybin)
SOYBEAN
haba de soja

(sálad)
SALAD
ensalada

(péper)
PEPPER
pimienta

(chíli péper)
CHILI PEPPER
AJÍ PICANTE

(pónkin)
PUMPKIN
CALABAZA

(potéiro)
POTATO
PAPA

(moch run)
MUSHROOM
CHAMPIÑÓN

(ónion)
ONION
CEBOLLA

(léros)
LETTUCE
LECHUGA

(égplant)
EGGPLANT
BERENJENA

(moch run)
CORN
CHAMPIÑÓN

(coliflárwer)
CAULIFLOWER
COLIFLOR

(cárot)
CARROT
ZANAHORIA

(cábich)
CABBAGE
REPOLLO

Food / comida

(Jély)
Jelly
gelatina

(pína boter)
Peanut butter
Mantequilla de maní

(gárlic bred)
Garlic bread
Pan de ajo

(espaguéti)
Spaguetti
espágueti

(macaróni)
Macaroni
Macarrones

(banána esplít)
Banana split
helado de banana

(mozaréla)
Mozzarella
Queso Mozzarella

(estéik)
Steak
Bife

(brékfast)
Breakfast
Desayuno

(french frái)
French fries
papas fritas

(pánkeiks)
Pancakes
Panqueques

(mófin)
Muffin
Mollete

Clothing / Ropa

Name / Nombre	pronunciation / Pronunciación	Meaning / significado	Clothing / Ropa
T-shirt	(ti**cher**)	camiseta	
Jeans	(jins)	pantalones vaqueros	
Dress	(dres)	vestido	
Skirt	(es**quert**)	falda	
Shorts	(chort)	pantalones cortos	
Sweater	(sueter)	suéter	
Hoodie	(**jo**di)	sudadera con capucha	
Jacket	(**Ya**quet)	chaqueta	
Shoes	(chus)	zapatos	
Hat	(jat)	sombrero	

Sports (Deportes)

(béi-bol)
Baseball
dolor de cabeza

(bóx-ing)
Boxing
boxeo

(sái-clink)
Cycling
ciclismo

(só-ker)
Soccer
fútbol

ka-rá-ti)
Karate
karate

(swí-ming)
Swimming
natación

(jó-ki)
Hockey
hockey

(té-nis)
Tennis
tenis

(vó-li-bol)
Volleyball
voleibol

(bás-ket-bol)
Basketball
baloncesto

Practice (*practica*)

Escribe el nombre de la enfermedad en la raya

- Karate
- Swimming
- Hockey
- Baseball
- Boxing
- Tennis
- Basketball
- Volleyball
- Cycling
- Soccer

Body parts (partes del cuerpo)

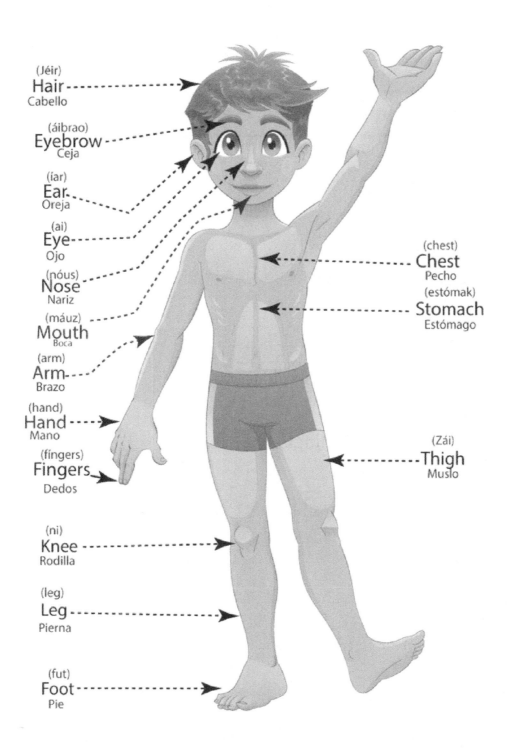

(Jéir)
Hair
Cabello

(áibrao)
Eyebrow
Ceja

(íar)
Ear
Oreja

(ai)
Eye
Ojo

(nóus)
Nose
Nariz

(máuz)
Mouth
Boca

(arm)
Arm
Brazo

(hand)
Hand
Mano

(fíngers)
Fingers
Dedos

(ni)
Knee
Rodilla

(leg)
Leg
Pierna

(fut)
Foot
Pie

(chest)
Chest
Pecho

(estómak)
Stomach
Estómago

(Zái)
Thigh
Muslo

Practiccar las partes del cuerpo

Fill in the blanks with the appropriate vocabulary:

---

nose, foot, ear, eye, mouth, hair, hand, eyebrow, knee, leg, arm, head

---

- I have a mole on my _____.
- The _____ helps us balance and stand upright.
- You can hear with your _____.
- The _____ helps us see.
- You can taste food with your _____.
- The _____ covers the top of the head.
- You can use your _____ to hold things.
- The _____ helps protect the eyes.
- You can bend and extend your _____.
- The _____ connects the thigh to the foot.
- You can bend and extend your _____ to walk.
- You have hair on your _____.

Respuestas

- I have a mole on my ___**nose**_____.
- The ___**foot**_____ helps us balance and stand upright.
- You can hear with your __**ear**_____.
- The ___**eye**_____ helps us see.
- You can taste food with your __**mouth**_____.
- The __**hair**_____ covers the top of the head.
- You can use your ____**hand**_____ to hold things.
- The ___**eyebrow**_____ helps protect the eyes.
- You can bend and extend your ___**knee**___.
- The ___**leg**_____ connects the thigh to the foot.
- You can bend and extend your ___**arm**___ to walk.
- You have hair on your ____**head**____.

Útiles escolares.

Inglés	Significado	Descripción	Símbolo
Pencil	(**Pen**sol)	Lápiz	
Erasers	(**irei**ser)	Borrador	
Sharpeners	(**charp**ener)	Sacapuntas	
Rulers	(**Ru**ler)	Regla	
Highlighters	(Jai**lai**ter)	Marcador fluorescente	
Markers	(**Mar**quer)	Marcador	
Crayon	(**Crei**-on)	Crayon	
Notebooks	(**Not**buk)	Cuaderno	
Scissors	(**Si**sors)	Tijeras	
Textbooks	(**Text**buk)	Libro de texto	
brush	(**Pin**cel)	pincel	

Útiles escolares.

Complete the sentences with the appropriate word:

| pen   marker   scissors   sharpener   ruler |

- I need a _____ to write my essay.
- The teacher used a _____ to mark the incorrect answers.
- You can use a _____ to cut out pictures from a magazine.
- I always keep a _____ in my pencil case for emergencies.
- I like to use a _____ to keep my pencils sharp.

Match the school supply with its function:

A. Used for writing on paper or other materials.
B. Used for sharpening pencils or other writing utensils.
C. Used for taking notes or drawing.
D. Used for cutting paper or other materials.
E. Used for writing or drawing with ink.

- Sharpener
- Marker
- Notebook
- Scissors
- Pen

Unscramble the letters to form school supply words:

pen scissors marker marker marker

- ENPO
- SRSISOCS
- TRAKE
- ARMREK
- KEAMR

Repuesta

- I need a ___pen___ to write my essay.
- The teacher used a ___marker___ to mark the incorrect answers.
- You can use a _scissors_ to cut out pictures from a magazine.
- I always keep a __sharpener__ in my pencil case for emergencies.
- I like to use a _ruler_ to keep my pencils sharp.

- -

A. Used for writing on paper or other materials.
B. Used for sharpening pencils or other writing utensils.
C. Used for taking notes or drawing.
D. Used for cutting paper or other materials.
E. Used for writing or drawing with ink.

- Sharpener
- Marker
- Notebook
- Scissors
- Pen

- -

- ENPO **pen**
- SRSISOCS **scissors**
- TRAKE **marker**
- ARMREK **marker**
- KEAMR **marker**

Números.

Numbers with letters / Números con letras	pronunciation / Pronunciación	Numbers / Números
Zero	(zíiro)	0
One	(úan)	1
Two	(tu)	2
Three	(zrii)	3
Four	(for)	4
Five	(fáiv)	5
Six	(six)	6
Seven	(séven)	7
Eight	(eit)	8
Nine	(náin)	9

Numbers with letters / Números con letras	pronunciation / Pronunciación	Numbers / Números
Ten	(ten)	10
eleven	(il**é**ven)	11
twelve	(**tuel**v)	12
thirteen	(zer**tín**)	13
fourteen	(For**tin**)	14
fifteen	(fif**tín**)	15
sixteen	(six**tín**)	16
seventeen	(seven**tín**)	17
eighteen	(ei**tín**)	18
nineteen	(nain**tín**)	19
Twenty	(**tué**nti)	20

Thirty	(**zé**rti)	30
Forty	(fó**r**ti)	40
Fifty	(**fí**fti)	50
Sixty	(**síx**ti)	60
Seventy	(**sé**venti)	70
Eighty	(**éi**ty)	80
Ninety	(**nái**nti)	90
One hundred	(**úan jón**dred)	100

Practicar los números

Write the numbers in digits:

- Fifty-five = _____
- Ninety-eight = _____
- Seventy-two = _____
- One hundred = _____
- Seventeen = _____
- forty-two = _____
- seventy-nine _____

Write the numbers in words:

- 17 = _____
- 42 = _____
- 79 = _____
- 100 = _____
- 20=_____
- 32=_____
- 37=_____
- 34=_____
- 23=_____
- 21=_____
- 15=_____
- 12=_____
- 7=_____

Respuestas

- Fifty-five = _____55_____
- Ninety-eight = _____98_____
- Seventy-two = _____72_____
- One hundred = _____100_____
- Seventeen = _____17_____
- forty-two = _____42_____
- seventy-nine _____

- - - - - - - - - - - - - - - - - - - -

- 17 = _____seventeen_____
- 42 = _____forty-two_____
- 79 = _____seventy-nine_____
- 100 = _____one hundred_____
- 20=_____twenty_____
- 32=_____thirty-two_____
- 37=_____thirty-seven_____
- 34=_____thirty-four_____
- 23=_____twenty-three_____
- 21=_____twenty-one_____
- 15=_____fifteen_____
- 12=_____twelve_____
- 7=_____seven_____

Colors

Purple	(**per**pol)	Morado	
Red	(red)	Rojo	
Yellow	(**ye**lou)	Amarillo	
Brown	(**bra**un)	Marrón	
Blue	(blue)	Azul	
Orange	(**ora**nch)	Naranja	
White	(**gua**it)	Blanco	

Professions / profesiones

(politícian)
POLITICIAN
(Político)

(gráfic disáiner)
GRAPHIC DESIGNER
(Diseñador gráfico)

(fotógrafer)
PHOTOGRAPHER
(fotógrafo)

(car mecánic)
CAR MECHANIC
(mecánico)

(acáuntent)
ACCOUNTANT
(contador)

(inyinear)
ENGINEER
(ingeniero)

(bílder)
BUILDER
(constructor)

(intervíuer)
INTERVIEWER
(entrevistador)

(gárdener)
GARDENER
(jardinero)

(árquitect)
ARCHITECT
(arquitecto)

(cosmetícian)
COSMETICIA
(cosmética)

(sistem administréitor)
SYSTEM ADMINISTRATOR
(Político)

City / ciudad

(tri) **Tree** árbol	(trach trok) **Trash truck** camión de basura	(tréin) **Train** tren	(tráfic lait) **Traffic light** semáforo	(táxi) **Taxi** traxi
(tri lamp) **Street lamp** árbol	(rod) **Road** camino	(míni van) **Mini van** minivan	(jáus) **House** casa	(hótel) **Hotel** hotel
(jóspital) **Hospital** hospital	(gas estéicion) **Gas station** gasolinera	(fáuntin) **Fountain** fuente	(créin) **Crane** grúa	(chorch) **Church** iglesia

Illnesses (Enfermedades)

(je-reik)
Headache
dolor de cabeza

(sto-ma-keik)
Stomachache
dolor de estómago

(tud-keik)
Toothache
dolor de dientes

(ba-keik)
Backache
dolor de espalda

(ii-reik)
Earache
dolor de oído

fíf-ver
Fever
fiebre

cóof
Cough
tos

s-níiz
Sneeze
estornudo

náu-shaa
Nausea
náusea

(mii-sols)
Measles
sarampión

Practice *(practica)*

Escribe el nombre de la enfermedad en la raya

- Fever
- Cough
- Sneeze
- Nausea
- Measles
- Headache
- Toothache
- Backache
- Earache
- Stomachache

_____

_____

_____

_____

_____

_____

_____

_____

_____

_____

Animales

Name / Nombre	pronunciation / Pronunciación	Meaning / significado	Animal / Animal
Dog	(dog)	Perro	
Cat	(cat)	Gato	
Fish	(fish)	Pez	
Bird	(berd)	Ave	
Lion	(**lai**on)	León	
Cow	(**ca**o)	Vaca	
Elephant	(**e**lefant)	Elefante	
Horse	(jors)	Caballo	
Monkey	(**mon**qui)	Mono	
Turtle	(**tor**tol)	Tortuga	

practicar con animales

Fill in the blanks with the appropriate vocabulary:

- The _____ is known for its long trunk.
- A _____ is a common household pet.
- The _____ is a type of reptile.
- A _____ can swim and breathe underwater.
- A _____ is a fast-running animal often used for racing.
- The _____ is a type of bird that cannot fly.
- The _____ is known as the "king of the jungle".
- A _____ is a farm animal that produces beef.
- The _____ is a type of primate that swings from trees.
- A _____ is often kept in an aquarium as a pet.

Write the name of the animal

_____

_____

_____

_____

Repuestas

- The ___**elephant**_____ is known for its long trunk.
- A ___**cat**_____ is a common household pet.
- The __**turtle**_____ is a type of reptile.
- A ___**fish**_____ can swim and breathe underwater.
- A __**horse**_____ is a fast-running animal often used for racing.
- The _**lion**_____ is known as the "king of the jungle".
- A ___**cow**_____ is a farm animal that produces beef.
- The __**monkey**_____ is a type of primate that swings from trees.
- A __**fish**_____ is often kept in an aquarium as a pet.

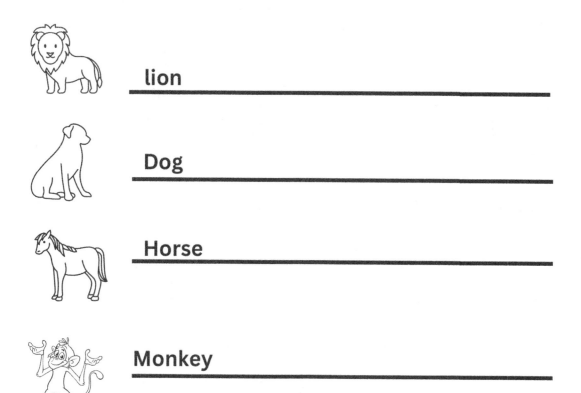

lion _____

Dog _____

Horse _____

Monkey _____

Pronunciation / Pronunciación	Alphabet / Abecedario
(ei)	A
(bi)	B
(si)	C
(di)	D
(i)	E
(ef)	F
(yi)	G
(eich)	H
(ai)	I
(jei)	J
(kei)	K
(el)	L
(em)	M
(en)	N
(ou)	O
(pi)	P
(kiu)	Q

(ar)	R
(ess)	S
(ti)	T
(iu)	U
(vi)	V
(dabliu)	W
(ex)	X
(uai)	Y
(zi)	Z

Pronombres sujetos (subject pronouns)

Los pronombres personales son un tipo de pronombre que se refieren a personas o cosas específicas.

Ejemplo: "**yo**", "**tú**", "**él**", "**ella**", "**nosotros**" y "**ellos**".

Ejemplo en inglés:

Pronombre (ES)	Pronombre (IG)	Personaje
Yo	I - (**ai**)	
Tú	You - (**iu**)	
él	He - (**ji**)	
ella	She - (**chi**)	
ellos	They - (**dei**)	
nosotros	We - (**wi**)	

Pronombres posesivos (Possessive pronouns)

Los pronombres posesivos son utilizado para indicar la propiedad o posesión. Se utilizan para reemplazar una frase nominal que muestra la propiedad o posesión de un objeto o cosa en particular.

Ejemplo de nombres posesivos: **Mine,Yours, His, Hers, Its, Ours, Theirs.**

Pronombre subjectivo que corresponde con el pronombre posesivo.

- I ⟶ **my**(mai)**/mine**(máin) ⟶ **Mío**
- You ⟶ **your**(ior)**/yours**(iors) ⟶ **Tuyo**
- He ⟶ **his**(jis) ⟶ **Suyo (de él)**
- She ⟶ **her**(jer)**/hers**(jers) ⟶ **Suyo (de ella)**
- It ⟶ **its**(is) ⟶ **Suyo (de cosa/animal)**
- We ⟶ **our**(aor)**/ours**(aors) ⟶ **Nuestro**
- They ⟶ **their**(der)**/theirs**(ders) ⟶ **Suyo (de ellos/ellas)**

Oraciones con pronombres posesivos / Possessive pronouns

- That book is **mine**. (Ese libro es mío.)
- Is that car **yours**? (¿Ese carro es tuyo?)
- **His** backpack is on the table. (Su mochila está en la mesa.)
- She forgot **her** keys at home. (Ella olvidó sus llaves en casa.)
- The cat cleaned **its** fur. (El gato limpió su pelaje.)
- **Our** house is big. (Nuestra casa es grande.)
- **Their** dog is barking loudly. (Su perro está ladrando fuerte.)

Practicar con pronombres posesivos

Elegir el pronombre correspodiente

1. _____ house is big. (**Our/Her/Their**)
2. _____ brother is a doctor. (**My/His/Her**)
3. _____ bike is red. (**His/Her/My**)
4. _____ teacher is very nice. (**Her/His/Their**)
5. _____ parents are coming to visit. (**Our/His/Her**)
6. _____ computer is new. (**My/Her/Their**)
7. _____ book is on the desk. (**My/His/Her**)
8. _____ car is in the garage. (**Their/His/My**)
9. _____ shoes are dirty. (**Her/His/Their**)
10. _____ dog is barking loudly. (**Her/His/Their**)

- -

1. The red car belongs to Maria. It is _____ car. (**her/hers**)
2. The keys are on the table. They are _____ keys. (**my/mine**)
3. The big house on the hill is _____ house. (their/theirs)
4. The black cat is sleeping on the sofa. It is _____ cat. (**my/mine**)
5. The blue sweater belongs to John. It is _____ sweater. (**his**)
6. The flowers in the vase are beautiful. They are _____ flowers. (**our/ours**)
7. The new phone belongs to Sarah. It is _____ phone. (**her/hers**)
8. The children are playing with the toys. The toys are _____ toys. (**their/theirs**)
9. The laptop on the desk is old. It is _____ laptop. (**my/mine**)
10. The expensive watch belongs to Peter. It is _____ watch. (**his**)

Respuestas

1. **Our** house is big.
2. **His** brother is a doctor.
3. **Her** bike is red.
4. **His** teacher is very nice.
5. **Our** parents are coming to visit.
6. **Their** computer is new.
7. **His** book is on the desk.
8. **My** car is in the garage.
9. **Her** shoes are dirty.
10. **Their** dog is barking loudly.

- -

1. The red car belongs to Maria. It is __**her**_ car. (her/hers)
2. The keys are on the table. They are ___**mine**_ keys. (my/mine)
3. The big house on the hill is ___**their**_ house. (their/theirs)
4. The black cat is sleeping on the sofa. It is ___**my**_ cat. (my/mine)
5. The blue sweater belongs to John. It is ___**his**_ sweater. (his)
6. The flowers in the vase are beautiful. They are __**our**_ flowers. (our/ours)
7. The new phone belongs to Sarah. It is __**her**__ phone. (her/hers)
8. The children are playing with the toys. The toys are ___**their**_ toys. (their/theirs)
9. The laptop on the desk is old. It is __**my**_ laptop. (my/mine)
10. The expensive watch belongs to Peter. It is _**his**_ watch. (his)

Verbo To Be.

El **"verbo To Be"** se puede traducir al español como "**ser**" o "**estar**", dependiendo del contexto. Se forma con un pronombre y el verbo **To Be**.

el verbo **To Be** en español es: **Ser** o **Estar**.

En ingles es: **am (am)**, **is (is)**, **are (ar),** dependiendo del pronombre que se esté utilizando.

Ejemplo: Yo soy, Tú eres, él es, ellos son, nosotros somos.

En inglés hay una regla para formar el verbo To Be. Ejemplo:

Cuando se presenta uno de estos promonbre:

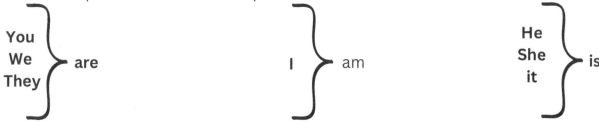

Veamos algunos ejemplos en inglés.

Pronombre (ES)	Pronombre (IG)	Personaje
Yo soy	I am (**ai am**)	
Tú eres	You are (**iu ar**)	
Él es	He is (**ji is**)	
Ella es	She is (**chi is**)	
Ellos son	They are (**dei ar**)	
Nosotros somos	We are (**wi ar**)	

Verbo To Be.

El verbo "To be" (ser o estar en Español) es un verbo de enlace que se usa para conectar el sujeto de una oración con un sustantivo, pronombre o adjetivo que lo describe o lo identifica.
También se usa para mostrar un estado de existencia o una condición. En sus formas básicas, el verbo "To be" se conjuga de la siguiente manera:

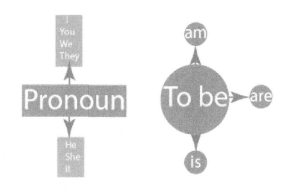

Para hacer afirmaciones usando el verbo "To be", ponemos el pronombre primero, luego, el verbo y, por último el sustantivo o adjectivo. Ejemplo:

Affirmative
I am happy

(jelou, jao ar iu tudey)
Hello, how are you today?
¿Hola, cómo estás hoy?

(wat is ior neim)
What is your name?
¿Cómo te llamas?

(gud morning, am Sarah. jao abaot iu)
Good morning, I'm Sarah. How about you?
Buenos días, soy Sara. ¿Y tú?

(Jai, am John. nais to mit iu)
Hi, I'm John. Nice to meet you.
hola, soy John. Gusto en conocerlo

Para hacer negaciones usando el verbo "To be", ponemos el pronombre primero, luego, el verbo "To be", Después, "not" y, por último el sustantivo o adjectivo. Ejemplo:

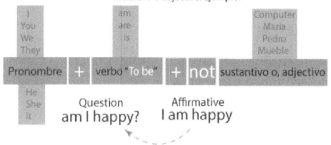

Question   Affirmative
am I happy?   I am happy

Para hacer preguntas usando el verbo "To be", ponemos el verbo "To be" primero, luego, el pronombre, y por último el sustantivo o adjectivo con el signo de interrogar. Ejemplo:

Affirmative   Negative
I am happy   I am not happy

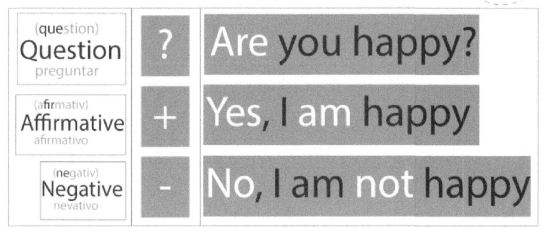

(question) **Question** preguntar	**?**	Are you happy?
(afirmativ) **Affirmative** afirmativo	**+**	Yes, I am happy
(negativ) **Negative** nevativo	**-**	No, I am not happy

Conversación usando el verbo "To be".

Teacher: Hi James and Jake, how **are** you today?

James: **I'm** good, thanks. How **are** you?

Teacher: **I'm** doing well, thank you. **Are** you both ready to start learning English today?

Jake: Yes, we **are** excited to learn!

Teacher: Great! Today, we will be learning about the **verb "to be."** Do you know what it means?

James: Um, not really.

Teacher: That's okay. The **verb "to be"** is used to describe a state of being or to identify someone or something. For example, "I **am** a student" or "He **is** tall."

Jake: Oh, I see. So how do we use it?

Teacher: Well, let's start with some simple sentences. James, can you complete this sentence: "I ___ a student"?

James: Um, I **am** a student.

Teacher: Yes, **that's** right! Jake, can you complete this sentence: "He ___ tall"?

Jake: Um, he **is** tall?

Teacher: Excellent! You both are doing great.

Traducción

Profesor: Hola James y Jake, ¿cómo están hoy?

James: Estoy bien, gracias. ¿Y tú?

Profesor: Estoy bien, gracias. ¿Están listos para empezar a aprender inglés hoy?

Jake: ¡Sí, estamos emocionados por aprender!

Profesor: ¡Genial! Hoy estaremos aprendiendo sobre el verbo "to be". ¿Saben lo que significa?

James: Mmm, no realmente.

Profesor: Está bien. El verbo "to be" se usa para describir un estado de ser o para identificar a alguien o algo. Por ejemplo, "Soy un estudiante" o "Él es alto".

Jake: Ah, ya veo. Entonces, ¿cómo lo usamos?

Profesor: Bueno, empecemos con algunas frases simples. James, ¿puedes completar esta frase: "Yo ___ un estudiante"?

James: Mmm, soy un estudiante.

Profesor: ¡Sí, así es! Jake, ¿puedes completar esta frase: "Él ___ alto"?

Jake: Mmm, él es alto.

Profesor: ¡Excelente! Los dos lo están haciendo muy bien.

Conversación usando el verbo "To be".

Katie: Hi John, how are you doing?

John: Hey Katie, I'm good, thanks for asking. How about you?

Katie: I'm doing pretty well, thanks. It's nice to see you.

John: Yeah, it's great to see you too. How is your day so far?

Katy: It is pretty busy, but I'm managing. How about you?

John: Same here, but it's all good. Have a good one! Katie: You too,

John. Take care.

Traducción

Katie: Hola John, ¿cómo estás?

John: Hola Katie, estoy bien, gracias.
¿Y tú?

Katie: Estoy bien también, gracias. ¿Qué tal tu día?

John: Ha sido bueno hasta ahora, ¿y el tuyo?

Katie: Está bien, gracias por preguntar. ¡Que tengas un buen día!

John: ¡Igualmente!

Fill in the blanks with the correct form of the verb "to be":

Completa los espacios en blanco con la forma correcta del verbo "to be"

| am   are   is   is   are   are   is |

1. I _____ a student.
2. You _____ my friend.
3. He _____ tall and handsome.
4. She _____ from Spain.
5. We _____ happy today.
6. They _____ at the park.
7. It _____ a beautiful day.

Complete the conversation with the correct form of the verb to be:

Completa la conversación con la forma correcta del verbo to be:

1. Hi, my name _____ Maria. What's your name?
2. Hi Maria, I'm Mark. Nice to meet you.
3. Nice to meet you too, Mark. How _____ you?
4. I _____ good, thanks. And you?
5. I _____ great, thanks for asking. Where _____ you from?
6. I _____ from Canada. And you?
7. I _____ from Spain. It's nice to meet someone from a different country

Respuestas.

1. I _am___ a student.
2. You _are___ my friend.
3. He _is_ tall and handsome.
4. She __is_ from Spain.
5. We _are__ happy today.
6. They __are_ at the park.
7. It _is_ a beautiful day.

- -

1. Hi, my name __is_ Maria. What's your name?
2. Hi Maria, I'm Mark. Nice to meet you.
3. Nice to meet you too, Mark. How __are_ you?
4. I _am_ good, thanks. And you?
5. I _am_ great, thanks for asking. Where _are_ you from?
6. I _am_ from Canada. And you?
7. I _am___ from Spain. It's nice to meet someone from a different country

Pronombres demostrativos / demonstrative pronouns

Los pronombres demostrativos son pronombres que se usan para señalar o identificar a una persona, lugar, cosa o idea específica.

A menudo se utilizan para reemplazar sustantivos e indicar la proximidad del objeto al que se hace referencia.
 En inglés, hay cuatro pronombres demostrativos:

this(dis) $\longrightarrow$ este
that(dat) $\longrightarrow$ ese/aquel
these(diss) $\longrightarrow$ estos
those(dos) $\longrightarrow$ esos/aquellos

Cuando debemos user los demostrativos.

Se debe usar "**this**" cuando te refieres a un sustantivo singular que está cerca en espacio o tiempo. Ejemplo:

"**This** book is very interesting." (refiriéndose a un libro que está frente a ti o cerca)

Se debe usar "**that**" cuando te refieres a un sustantivo singular que está más lejos en espacio o tiempo. Ejemplo:

"**That** building across the street is very old." (refiriéndose a un edificio que está lejos)

Pronombres demostrativos / demonstrative pronouns

Se debe usar "**these**" cuando te refieres a varios sustantivos que están cerca en espacio o tiempo. Ejemplo:

"**These** cookies taste amazing." (refiriéndose a las galletas que están cerca)

Se debe usar "**those**" cuando te refieres a varios sustantivos que están más lejos en espacio o tiempo. Ejemplo:

"**Those** mountains in the distance are beautiful." (refiriéndose a montañas que están lejos)

Oreciones con pronombres demostrativos

1. **This** cake is delicious!
2. **Those** shoes are too tight for me.
3. **That** car is very expensive.
4. **These** flowers smell amazing.
5. **That** book over there is a bestseller.
6. **These** cookies taste great.
7. **That** building is the tallest in the city.
8. **These** vegetables are fresh from the garden.
9. **That** movie we saw last night was really good.
10. **These** chairs are very comfortable.

Ejercicios con pronombres demostrativos

1. _____ books on the table are mine. (These/Those/This/That)
2. _____ cat in the garden is so cute. (That/This/Those/These)
3. _____ pictures on the wall are crooked. (Those/This/These/That)
4. _____ car over there is mine. (That/This/Those/These)
5. _____ trees in the park are very tall. (These/That/Those/This)
6. _____ pencils on the desk are new. (These/That/Those/This)
7. _____ dress in the store window is too expensive.
   (That/These/This/Those)
8. _____ chairs in the restaurant are comfortable.
   (These/That/Those/This)
9. _____ people over there are having a party.
   (Those/These/This/That)
10. _____ paintings in the museum are amazing.
   (These/That/Those/This)

Respuestas

1. _**These**__ books on the table are mine. (**These**/Those/This/That)
2. __**That**_ cat in the garden is so cute. (**That**/This/Those/These)
3. Those_ pictures on the wall are crooked. (**Those**/This/These/That)
4. _**That**_ car over there is mine. (**That**/This/Those/These)
5. _**Those**_ trees in the park are very tall. (These/That/**Those**/This)
6. _**These**_ pencils on the desk are new. (**These**/That/Those/This)
7. __**That**_ dress in the store window is too expensive.
   (**That**/These/This/Those)
8. __**Those**_ chairs in the restaurant are comfortable.
   (These/That/**Those**/This)
9. _**Those**_ people over there are having a party.
   (**Those**/These/This/That)
10. _**Those**_ paintings in the museum are amazing.
    (These/That/**Those**/This)

People
(gente)

Girl (géerl) **niña**

Boy (boy) **niña**

Guy (gáay) **muchacho**

Women (úo-man) **mujer**

Men (men) **hombre**

Person (péerson) **persona**

People (pípol)**gente**

Friend (frend) **amigo**

Boyfriend (boy frend) **novio**

Girlfriend (géer frend) **novia**

Months (*meses*)

Mes	pronuciación	Traducción
January	(**ye**-nua-ry)	Enero
February	(fe-**brua**-ry)	Febrero
March	(mar-ch)	Marzo
April	(**ey**-prol)	Abril
May	(mey)	Mayo
June	(yun)	Junio
July	(yu-**lay**)	Julio
August	(**o**-gost)	Agosto
September	(sep-**tem**-ber)	Septiembre
October	(o-**tu**-ber)	Octubre
November	(No-**vem**-ber)	Noviembre
December	(di-**cem**-ber)	Diciembre

Write the months

1	_____
2	_____
3	_____
4	_____
5	_____
6	_____
7	_____
8	_____
9	_____
10	_____
11	_____
12	_____

Greeting / saludos

Saludos	Pronunciación	Traducción
Hello	(je**lou**)	Hola
Hi	(j**ay**)	Hola
Good morning	(gud - **mor** - nin)	Buenos día
Good afternoon	(gud - **raf** - ternun)	Buenas tardes
Good evening	(gud - **ríf** - nin)	Buenas noches
Nice to meet you	(**nais -** tu - mit - iu)	Un placer conocerte
Good to see you	(gud - tu - **sii** - iu)	Gusto verte

Despedidas	Pronunciación	Traducción
Goodbye	(gud **bay**)	Adiós
See you later	(si iu **lei**rer)	Hasta luego
See you soon	(si iu **suu**n)	Nos vemos pronto
Take care	(teik **quear**)	Cuídate
"Have a good day	(jaf a gud **dey**)	Que tengas un buen día
"Have a good night	(jaaf a gud **naait**)	Buenas noche
Stay safe	(estei **seif**)	Mantente a salvo

Polite expressions / expresiones educadas

Expressions / Expresiones	Pronunciation / Pronunciación	Traducción
Please	(**pli**is)	Por favor
Thank you	(**za**ank - iu)	Gracias
Excuse me	(ex-**cuis**-mi)	Disculpa
I'm sorry	(am **so**ory)	Lo siento

Preposition / preposición

Una preposición es una palabra que muestra la relación entre un sustantivo o pronombre y otras palabras en una oración. Las preposiciones se utilizan generalmente para indicar la ubicación, dirección, tiempo o manera de una acción o evento. Las preposiciones comunes incluyen:

en,	"**in**"
sobre,	"**on**"
a,	"**at**"
debajo,	"**under**",
abajo	"**below**",
encima	"**above**",
al lado de	"**beside**",
junto a	"**next to**",
detrás de	"**behind**",
delante de	"**in front**

La preposición "**in**" se utiliza para indicar la posición o ubicación dentro de un espacio cerrado, un período de tiempo o un estado o condición. Ejemplo:

- The apple **is** in the box.
- She **is** in the kitchen.
- The car **is** in the garage.

La preposición "**on**" se utiliza para indicar una superficie con la que algo está en contacto o un punto específico en el tiempo. Ejemplo:

- The hat is **on** her head
- The meeting **is** on Monday.
- We went on a **trip** to Hawaii

La preposición "**at**" se utiliza para indicar un punto específico en el tiempo o en la ubicación. Ejemplo:

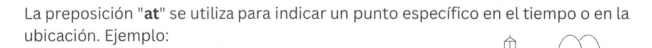

- The meeting is **at** 3:00 pm.
- she is reading **at** the park.
- He is good **at** math.

Preposition / preposición

La preposición "**under**" se utiliza para indicar que algo está debajo o por debajo de otro objeto, o en una posición más baja que otro objeto. Ejemplo:

- The apple is **under** the box.
- The project must be completed in **under** two weeks.
- The company is **under** new management.

La preposición "**below**" se utiliza para indicar que algo está en un nivel o posición más bajo que otro objeto. Ejemplo:

The city is located **below** sea level.
His salary is **below** the national average.
The noise level must be **below** 70 decibels.

La preposición "**above**" se utiliza para indicar que algo está en un nivel o posición más alto que otro objeto. Ejemplo:

- The bird is flying **above** the tree.
- She is **above** average in math.
- The temperature is **above** 90 degrees Fahrenheit.

La preposición "**beside**" se utiliza para indicar que algo está al lado o junto a otro objeto.

- The cat is sitting **beside** the dog.
- She looks tiny **beside** her tall husband.
- The teacher sat **beside** the student to help with the test.

La preposición "**next to**" se utiliza para indicar que algo está inmediatamente adyacente o al lado de otro objeto. Ejemplo:

The car is parked **next to** the house.
She prefers the blue dress **next to** the green one.
Next to summer, his favorite season is fall.

La preposición "**behind**" se utiliza para indicar que algo está ubicado en la parte trasera o posterior de otro objeto o persona.

Preposition / preposición

La preposición "**behind**" se utiliza para indicar que algo está ubicado en la parte trasera o posterior de otro objeto o persona. Ejemplo:

- The car is **behind** the truck.
- She walked **behind** her friend.
- He fell **behind** in his work.

La preposición "**in front**" o "**in front of**" se utiliza para indicar que algo está ubicado delante o antes de otro objeto o persona. Ejemplo:

- The store is **in front of** the mall.
- She walked **in front of** the line.
- The concert starts **in front of** a large crowd.

Seasons *(Estaciones)*

Estación	Pronunciación	Traducción	Representación
Spring	(es**príng**)	Primavera	
Summer	(**só**mer)	Verano	
Fall	(fol)	otoño	
Winter	(**wín**ter)	Invierno	

(deis of de wik)
Days of the week
Dias de la semana

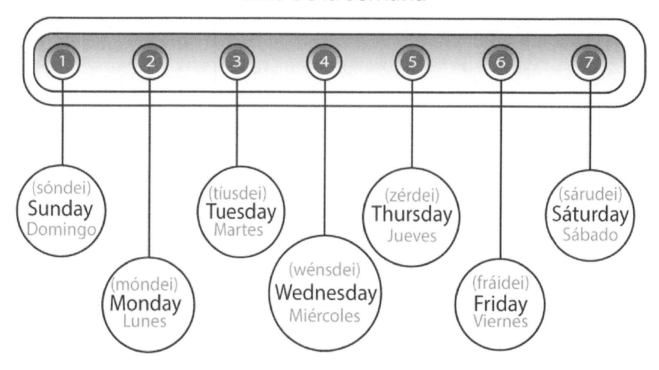

I have a meeting on Monday morning.

Tengo una reunión el lunes por la mañana.

She likes to go grocery shopping on Tuesdays.

a ella le gusta ir de compras al supermercado los martes.

We always have pizza for dinner on Fridays.

Nosotros siempre cenamos pizza los viernes.

(monz of de yiar)
Months of the year
Meses del año

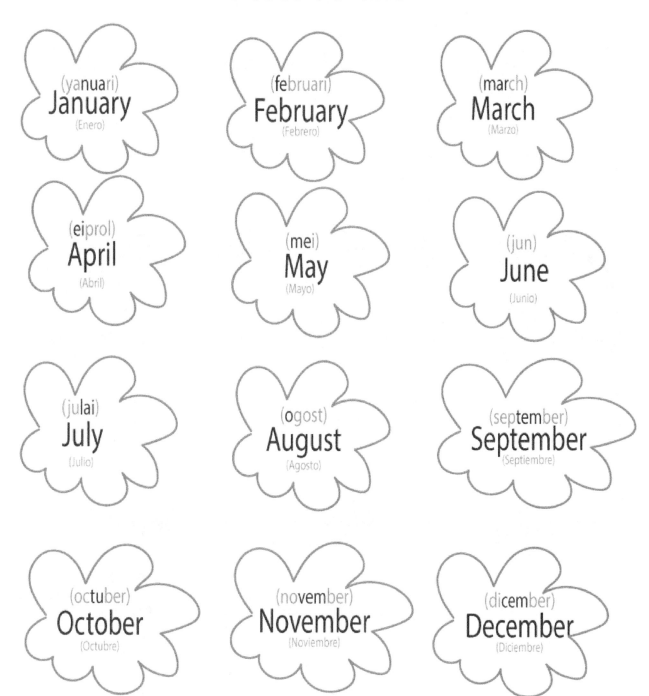

(yanuari)
January
(Enero)

(februari)
February
(Febrero)

(march)
March
(Marzo)

(eiprol)
April
(Abril)

(mei)
May
(Mayo)

(jun)
June
(Junio)

(julai)
July
(Julio)

(ogost)
August
(Agosto)

(september)
September
(Septiembre)

(octuber)
October
(Octubre)

(november)
November
(Noviembre)

(dicember)
December
(Diciembre)

Family tree
Árbol familiar

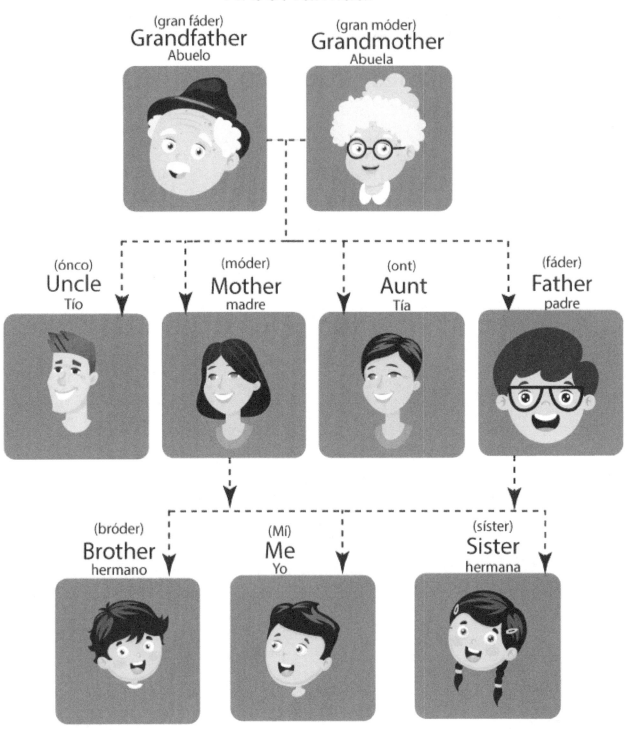

(gran fáder)
Grandfather
Abuelo

(gran móder)
Grandmother
Abuela

(ónco)
Uncle
Tío

(móder)
Mother
madre

(ont)
Aunt
Tía

(fáder)
Father
padre

(bróder)
Brother
hermano

(Mí)
Me
Yo

(síster)
Sister
hermana

Beverage / bebidas

(cófi bréik)
COFFEE BREAK
descanso para café

(jóni lémon)
HONEY LEMON
Miel y limón

(jot chócoleit)
HOT CHOCOLATE
chocolate caliente

(yus)
JUICE
jugo

(milk)
MILK
leche

(chéike)
SHAKER
criba vibradora

(sóda)
SODA
soda

(wáter)
WATER
agua

(lémoneid)
LEMONADE
limonada

(cófi)
COFFEE
café

(cóconat)
COCONUT
Coco

(esmúdi)
SMOOTHIE
batido

(ti)
TEA
té

(cold brut cófi)
**COLD BREWED
COFFEE**
café frio

(cóla)
COLA
refresco

(bóbol ti)
BUBBLE TEA
Té de burbujas

Weather / clima

(cláudi)
Cloudy
nublado

(réining)
Rainning
lloviendo

(pári cláudi)
Party cloudy
parcialmente nublado

(jéil)
Hail
granizo

(cláudi laiting)
Cloud lighting
iluminación de nubes

(snóu storm)
Snow storm
granizo

Emotions / emociones

(jápi)
Happy
feliz

(lóving)
Loving
cariñoso

(sad)
Sad
triste

(disgóst)
Disgust
disgustado

(fíar)
Fear
miedo

(cráing)
Crying
llorando

(skéart)
Scared
Asustado

(jóyful)
Joyful
alegre

(énger)
Anger
enojo

Do (du) / Does (dos)

"**Do**" y "**Does**" son verbos **auxiliares** en inglés que se usan para formar preguntas y oraciones negativas cuando no encontramos el verbo "**To Be**", así como para enfatizar un punto en una oración. "Do" se usa con sujetos en plural y "I/you/we/they" mientras que "does" se usa con sujetos en singular y "he/she/it".

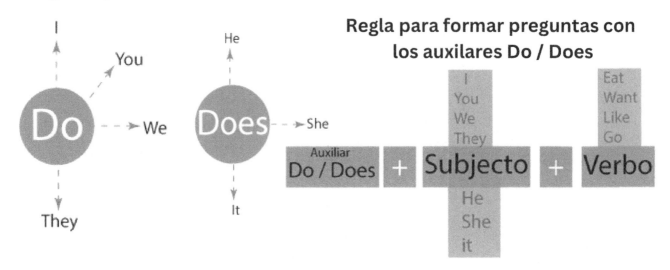

Preguntas con "Do"

Do you like pizza? (pregunta con "you") ⟹ Yes, I do
Do they work on weekends? (pregunta con "they") ⟹ Yes, they do
Do we have homework today? ⟹ Yes, they do
Does he like coffee? (oración negativa con "he") ⟹ No, he does not.
Do they play soccer on Fridays? (pregunta con "they") ⟹ No. They do not.

Preguntas con "Does"

Does he play the guitar? ⟹ Yes, he does
Does she live in New York? ⟹ No, she does not
Does your sister speak Spanish fluently? ⟹ Yes, she does
Does this restaurant serve vegetarian options? ⟹ No, it does not

Respuesas cortas

Completar las oraciones con la form correcta de "do" or "does"

Does Do Do Does Do Does Do Does Do Does

1. _____ your friend like ice cream?
2. Where _____ your parents live?
3. _____ you know how to play the guitar?
4. Why _____ it always rain in this city?
5. How often _____ you go to the gym?
6. What time _____ the movie start?
7. _____ they usually eat dinner at home?
8. _____ your sister speak Spanish?
9. _____ we need to bring anything to the party?
10. _____ your boss give you a lot of work to do?

Ask questions using "do" or "does"

1. Maria / like coffee?

_____

2. you / want to come with us?

_____

3. they / play basketball after school?

_____

4. the restaurant / serve vegetarian options?

_____

Do / Does con respuestas largas

Para responder de forma larga con los auxiliares "Do" y "Does", hacermos los siguiente: | Yes / No | + | Subjecto | + | Verbo |

1. Do you like pizza?

Yes, I do like pizza. It's one of my favorite foods.

2. Does he play the guitar?

Yes, he does play the guitar. He's been playing for several years now.

3. Do they speak Spanish?

No, they don't speak Spanish. They're still learning the language.

4. Does she enjoy watching movies?

Yes, she does enjoy watching movies. She's a big fan of romantic comedies.

5. Do you need any help?

No, I don't need any help right now. Thank you for asking.

6. Does your brother have a car?

Yes, my brother does have a car. He just bought it last year.

7. Do your parents live nearby?

No, my parents don't live nearby. They live on the other side of the country.

8. Does your sister work as a nurse?

Yes, my sister does work as a nurse.

1. Does he play guitar?

   _____

2. Do they speak Spanish fluently?

   _____

3. Does she work in the city?

   _____

4. Do you and your friends enjoy hiking?

   _____

5. Does your sister have any pets

   _____

Answer / respuestas

Does he play guitar?

Yes, he does play guitar.

Do they speak Spanish fluently?

No, they don't speak Spanish fluently.

Does she work in the city?

Yes, she does work in the city.

Do you and your friends enjoy hiking?

Yes, we do enjoy hiking.

Does your sister have any pets?

Yes, she does have a pet. She has a dog named.

Adjectives / adjetivos

Los **adjetivos** son **palabras que describen o modifican sustantivos** o pronombres.
Se utilizan para proporcionar más información sobre las características, cualidades o atributos del sustantivo o pronombre que están modificando.

Los adjetivos pueden indicar el tamaño, la forma, el color, la textura, la edad u otras cualidades del sustantivo o pronombre.
Por ejemplo:

- The **beautiful** flowers are in the garden.
- The **tall** man walked down the street.
- She bought a **soft** and **comfortable** sweater.
- The **spicy** food was too **hot** for him.
- The **old** car was still **reliable**.

En inglés, los adjetivos generalmente van antes del sustantivo, pero hay algunas excepciones.

Los adjetivos también se pueden utilizar en formas comparativas o superlativas para indicar grados de comparación, como "más alto" o "el más hermoso".

Pronombres indefinidos

Los pronombres de cantidad en inglés son aquellos que se utilizan para indicar la cantidad de algo:

- **Some** (sóm): algo, algunos, algunas.

Can I have **some** water, please? (¿Puedo tener **algo** de agua, por favor?)

- **Any** (ény) cualquier, alguno.

Do you have **any** plans for the weekend? (¿Tienes **algún** plan para el fin de semana?)

- **Few** (fíu): pocos, pocas.

There are **few** apples left. (Quedan **pocas** manzanas.)

- **Many** (mény): muchos, muchas.

There are **many** people here. (Hay **muchas** personas aquí.)

- **Most** (móst): la mayoría.

Most of the students passed the test. (**La mayoría** de los estudiantes aprobaron la prueba.)

- **Little** (líror): poco, poca.

There's **little** food left. (Queda **poco** comida.)

- **A lot of** (alórof): mucho, mucha.

There's **a lot of** traffic today. (Hay **mucho** tráfico hoy.)

Pronombres de lugares

1. **There** (déar) **allá**
2. **Everywhere** (ebri-wéar)
3. **Anywhere** (eny-wéar)
4. **Nowhere** (no-wéar)
5. **Anyplace** (eny-pléis)
6. **Somewhere** (som-wéar)

- **"anywhere"**: se utiliza para hacer referencia a un lugar no específico. Ejemplo en inglés: "Can you go anywhere for the holidays?" Traducción al español: "¿Puedes ir a cualquier lugar para las vacaciones?"

- **"nowhere"**: se utiliza para hacer referencia a un lugar que no existe o no está disponible. Ejemplo en inglés: "There's nowhere to hide." Traducción al español: "No hay lugar donde esconderse."

- **"everywhere"**: se utiliza para hacer referencia a un lugar en todas partes. Ejemplo en inglés: "People are talking about it everywhere." Traducción al español: "La gente está hablando de ello en todas partes."

- **"anyplace"**: se utiliza para hacer referencia a cualquier lugar. Ejemplo en inglés: "Can we meet anyplace for lunch?" Traducción al español: "¿Podemos encontrarnos en cualquier lugar para el almuerzo?"

- **"somewhere"**: se utiliza para hacer referencia a un lugar no específico. Ejemplo en inglés: "We can go somewhere else for dinner." Traducción al español: "Podemos ir a otro lugar para la cena."

Can

"**Can**" y "**can't**" son verbos modales en inglés. "Can" se utiliza para indicar habilidad, permiso o posibilidad, mientras que "**can't**" es la contracción de "**cannot**" y significa lo opuesto a "**can**", indicando imposibilidad o prohibición. Por ejemplo, "**I can swim**" significa "**soy capaz de nadar**", mientras que "**I can't swim**" significa "**no soy capaz de nadar**".

Para usar **can**, empleamos la siguiente regla:

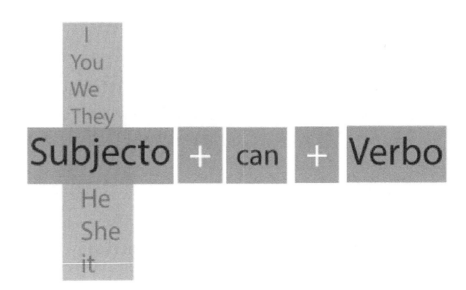

1. I **can** speak Spanish fluently.
2. She can play the guitar very well.
3. We **can** go **t**o the park tomorrow.
4. He **can** cook a delicious meal.
5. They **can** run **a** mara**t**hon **in unde**r 3 hours.

Can't

Para usar **can not**, empleamos la siguiente regla:

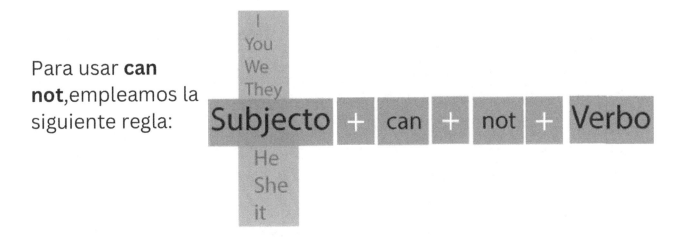

Ejemplos con "can not:"

1. I **cannot** speak Spanish fluently.
2. She **cannot** attend the meeting tomorrow because of a prior commitment.
3. The store **cannot** accept returns without a receipt.
4. He **cannot** eat gluten due to his allergy.
5. They **cannot** travel to Europe until they renew their passports.

Para hacer preguntas con **can**, empleamos la siguiente regla:

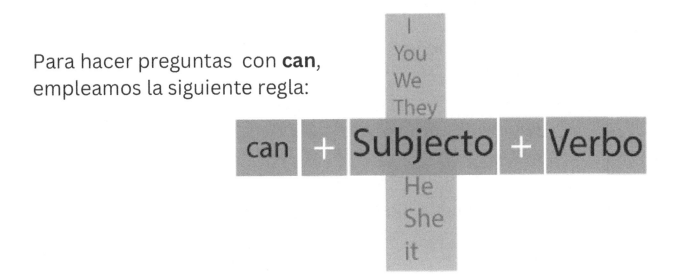

Ejemplos de preguntas con "can"

Respuesta de forma corta.

1. **Can** you speak French fluently? ──────────→ Yes, I can.
2. **Can** you lend me some money, please? ──────→ No, I can not.
3. **Can** he come to the party with us? ──────→ Yes, he can.
4. **Can** we use your laptop for the presentation? ──→ No, you can not.
5. **Can** they take a day off tomorrow? ──────→ Yes, they can.

Complete the sentences with the correct form of "can"

1. She _____ speak French fluently.
2. They _____ play the guitar very well.
3. He _____ cook delicious meals.
4. We _____ go to the movies tonight.
5. I _____ help you with your homework.

Choose the correct answer to the questions using "can":

1. _____ you play soccer?
a. Yes, I can.
b. No, I can't.
2. _____ your sister swim?
a. Yes, she can.
b. No, she can't.
3. _____ the cat climb the tree?
a. Yes, it can.
b. No, it can't.

Contractions / contracción

En inglés, una contracción es una forma abreviada de dos palabras formada al reemplazar una o más letras con un apóstrofo. Por ejemplo, "**can not**" se convierte en "**can't**" y "**I am**" se convierte en "**I'm**". Las contracciones se utilizan comúnmente en el habla y la escritura informal.

- I'm ⟶ (I am)
- you're ⟶ (you are)
- he's ⟶ (he is)
- she's ⟶ (she is)
- it's ⟶ (it is)
- we're ⟶ (we are)
- they're ⟶ (they are)
- can't ⟶ (cannot)
- don't ⟶ (do not)

Example / ejemplo:

You're very intelligent.
She's beautiful.
We're strong.

Pronombres de negación

Los pronombres de negación en inglés son aquellos que se utilizan para negar o refutar una afirmación o sujeto.

Not (nót) "no"
Neither (níder) : ni...ni"
No: no
Nobody (nóubary) : "nadie"
Nothing (nátin): "nada"
Nowhere: "en ningún lugar"

- "**not**": se coloca después del verbo auxiliar o después del verbo principal si no hay verbo auxiliar. Ejemplo "I am **not** going to the party." "**No** voy a la fiesta."

- "**neither**...**nor**": se utiliza para negar dos cosas al mismo tiempo. Ejemplo: "**Neither** John nor Jane is coming to the meeting." "**Ni** Juan **ni** Ana van a la reunión."

- "**no**": se utiliza para negar un sustantivo o una acción en general. Ejemplo "No dogs are allowed in the park." "No se permiten perros en el parque."

- "**nobody**": se utiliza para negar una persona. Ejemplo: "**Nobody** knows the answer." "**Nadie** sabe la respuesta."

- "**nothing**": se utiliza para negar una cosa. Ejemplo: "**Nothing** is wrong." "**Nada** está mal."

- "**nowhere**": se utiliza para negar un lugar. Ejemplo en inglés: "Nowhere to go." "No hay adónde ir."

Infinitive verbs / verbos infinitivos

El verbo en infinitivo es la forma base de un verbo, generalmente precedido por la palabra "to"

Formamos el verbo infinitivo con la siguiente regla:

Example / ejemplo   **Verbo infinitivo**

She wants <u>to learn</u> how to play the guitar. ➤ <u>to learn</u>
I need to <u>go to</u> the store to buy some milk. ➤ <u>go to</u>
He hopes <u>to get</u> a promotion at work. ➤ <u>to get</u>
They like <u>to watch</u> movies on Friday nights. ➤ <u>to watch</u>
We plan <u>to travel</u> to Europe next summer. ➤ <u>to travel</u>

List of infinitive verbs / lista de verbos infinitivos

1. Ser o estar ----------> (to be)
2. Ir ----------> (to go)
3. Hablar ----------> (to speak)
4. Estar ----------> (to be)
5. Tener ----------> (to have)
6. Hacer ----------> (to do/make)
7. Ver ----------> (to see)
8. Querer ----------> (to want)
9. Poder ----------> (to be able to)
10. Decir ----------> (to say/tell)
11. Saber ----------> (to know)
12. Venir ----------> (to come)
13. Dar ----------> (to give)
14. Pensar ----------> (to think)
15. Sentir ----------> (to feel)
16. Vivir ----------> (to live)
17. Trabajar ----------> (to work)
18. Estudiar ----------> (to study)
19. Comer ----------> (to eat)
20. Beber ----------> (to drink)

To + Verbo

Vamos a practicar los verbos infiitivos

Completar las oraciones siguientes:

a. I want _____ (go) to the beach this weekend.
b. They need _____ (study) for their exam.
c. She likes _____ (play) soccer in her free time.
d. He promised _____ (help) me with my homework.
e. We decided _____ (watch) a movie tonight.

a. "I am going to the store." -> "I am going _____ (buy) some groceries."
b. "She can speak Spanish fluently." -> "She can _____ (speak) Spanish fluently."
c. "They should study more." -> "They should _____ (study) more."
d. "We want to travel the world." -> "We want _____ (travel) the world."
e. "He is going to eat pizza for dinner." -> "He is going _____ (eat) pizza for dinner."

What do you like to do in your free time?
Well, I love _____ (play) guitar and _____ (write) songs. How about you?
I enjoy _____ (read) books and _____ (watch) movies.
That sounds like fun. Do you ever _____ (go) to the theater?
Yes, I like _____ (see) plays and musicals.
Me too! Let's _____ (go) to a show together sometime.

Answers / repuestas

a. I want **to go** to the beach this weekend.
b. They need **to study** for their exam.
c. She likes **to play** soccer in her free time.
d. He promised **to help** me with my homework.
e. We decided **to watch** a movie tonight.

━ ━ ━ ━ ━ ━ ━ ━ ━ ━ ━ ━ ━ ━ ━ ━ ━ ━

a. "I am going to the store." -> "I am going **to buy** (buy) some groceries."
b. "She can speak Spanish fluently." -> "She can **speak** (speak) Spanish fluently."
c. "They should study more." -> "They should **study** (study) more."
d. "We want to travel the world." -> "We want **to travel** (travel) the world."
e. "He is going to eat pizza for dinner." -> "He is going **to eat** (eat) pizza for dinner."

━ ━ ━ ━ ━ ━ ━ ━ ━ ━ ━ ━ ━ ━ ━ ━ ━ ━

What do you like to do in your free time?
Well, I love **to play** (play) guitar and **write** (write) songs. How about you?
I enjoy **reading** (read) books and **watching** (watch) movies.
That sounds like fun. Do you ever **go** (go) to the theater?
Yes, I like **to see** (see) plays and musicals.
Me too! Let's **go** (go) to a show together sometime.

Verbos modales

Los verbos modales en inglés son un grupo de verbos que se utilizan para expresar modalidad, es decir, habilidad, posibilidad, obligación, permiso, etc. Algunos de los verbos modales más comunes en inglés son:

1. **Can** (kéen): I can swim. (**Puedo** nadar.)
2. **Could** (cúud): I could swim when I was a child. (**Podía** nadar cuando era niño.)
3. **May** (mey): May I leave early today? (¿**Puedo** irme temprano hoy?)
4. **Might** (máit): It might rain later. (**Podría** llover más tarde.)
5. **Must** (móst): I must study for the exam. (**Debo** estudiar para el examen.)
6. **Should** (shúud): You should eat more vegetables. (**Deberías** comer más verduras.)
7. **Will** (wiil): I will call you later. (Te llama**ré** más tarde.)
8. **Would** (úud): Would you like to go out with me? (¿Te **gustaría** salir conmigo?)
9. **Shall**: Shall we go to the park? (¿Vamos al parque?)

Reglas a tomar en cuenta:
1. Los verbos modales no tienen forma de infinitivo o participio.
2. Siempre van después de un verbo base en forma infinitiva.
3. No pueden ser usados en forma de pasado.
4. No tienen forma de plural.
5. Deben coincidir con el sujeto en tercera persona (he, she, it).
6. La negación se hace agregando "not" después del verbo modal. Ejemplo: I could not go (no pude ir).
7. La forma interrogativa se hace poniendo el verbo modal al principio de la frase.

COMPLETA LAS SIGUIENTES ORACIONES CON EL VERBO MODAL ADECUADO: "CAN, MIGHT, SHOULD AND MUST"

1. I _____ speak French fluently.
2. She _____ finish her homework before dinner.
3. We _____ visit our grandparents this weekend.
4. I __ go to the store later. (can)
5. We __ watch the movie tomorrow. (might)
6. You __ turn off the lights when you leave the room. (should)

Pronombres interrogativos

Los pronombres interrogativos en inglés son palabras que se utilizan al principio de la oración para hacer una pregunta.

- **"WHO"** (jú) (quién), se usa para hacer preguntas sobre personas.
- **"WHAT"** (wát) (qué), se usa para hacer preguntas sobre cosas o acciones.
- **"WHERE"** (wéar) (dónde), se usa para hacer preguntas sobre lugares.
- **"WHEN"**(wéen) (cuándo), se usa para hacer preguntas sobre tiempos.
- **"WHY"**(wáy) (por qué), se usa para hacer preguntas sobre motivos o razones.
- **"WHICH"** (wích) (cuál), se usa para hacer preguntas sobre opciones o elecciones.
- **"WHOSE"** (jús) (de quién), se usa para hacer preguntas sobre propiedad o pertenencia.
- **"HOW"** (jáu) (cómo), se usa para preguntar del cómo.

Estos pronombres interrogativos se usan al principio de una pregunta para hacerla más específica. **Por ejemplo:**

- "Who is she?" (¿**Quién** es ella?)
- "What do you like to do?" (¿**Qué** te gusta hacer?)
- "Where do you live?" (¿**Dónde** vives?)
- "When is your birthday?" (¿**Cuándo** es tu cumpleaños?)
- "Why did you do that?" (¿**Por qué** hiciste eso?)
- "Which one do you prefer?" (¿**Cuál** prefieres?)
- "Whose jacket is this?" (¿**De quién** es esta chaqueta?)
- "How are you?" (¿**Cómo** estás?)

Verbos Auxiliares

Los verbos auxiliares son verbos que se utilizan en inglés para ayudar a formar distintos tiempos verbales, hacer preguntas y negaciones, y para dar más información sobre la acción verbal. Algunos de los verbos auxiliares más comunes son "**be**", "**do**" y "**have**".

- **"Be"** es el verbo auxiliar más utilizado en inglés, y se utiliza para formar los tiempos continuos y el futuro simple con "will". Por ejemplo:

  - I am studying for my exam. (Estoy estudiando para mi examen)
  - She will be attending the conference next week. (Ella asistirá a la conferencia la próxima semana)

- "**Do**" se utiliza como verbo auxiliar en presente simple para hacer preguntas y negaciones, y también se utiliza para formar oraciones afirmativas en presente simple con verbos que no tienen una forma regular en presente simple. Por ejemplo:
  - Do you like music? (¿Te gusta la música?)
  - I do not like music. (No me gusta la música)

- "**Have**" se utiliza como verbo auxiliar para formar el presente perfecto y el pasado perfecto. Por ejemplo:
  - I have finished my homework. (He terminado mi tarea)
  - She had already left by the time I arrived. (Ella ya se había ido cuando llegué)

La negación en inglés es una forma de expresar que algo no es cierto o no está sucediendo. Hay dos formas de negar verbos en inglés: **"do not"** y su forma contraída "don't" y **does not** (doesn't).

"Do not" es la forma completa de la negación y se usa para negar acciones y se construye añadiendo "do not" antes del verbo principal. La forma contraída "don't" es la misma forma negativa pero abreviada. En general se usa para (I, YOU, WE, THEY)

Aquí hay algunos ejemplos para ilustrar su uso:

- I do not like coffee. (No me gusta el café)
- We do not live in New York. (No vivimos en Nueva York)
- They don't speak Spanish. (Ellos no hablan español)
- I don't want to go. (No quiero ir)

Verbos modales

Los verbos modales en inglés son un grupo de verbos que se utilizan para expresar modalidad, es decir, habilidad, posibilidad, obligación, permiso, etc. Algunos de los verbos modales más comunes en inglés son:

1. **Can** (kéen): I can swim. (**Puedo** nadar.)
2. **Could** (cúud): I could swim when I was a child. (**Podía** nadar cuando era niño.)
3. **May** (mey): May I leave early today? (¿**Puedo** irme temprano hoy?)
4. **Might** (máit): It might rain later. (**Podría** llover más tarde.)
5. **Must** (móst): I must study for the exam. (**Debo** estudiar para el examen.)
6. **Should** (shúud): You should eat more vegetables. (**Deberías** comer más verduras.)
7. **Will** (wiil): I will call you later. (Te llama**ré** más tarde.)
8. **Would** (úud): Would you like to go out with me? (¿Te **gustaría** salir conmigo?)
9. **Shall**: Shall we go to the park? (¿Vamos al parque?)

Reglas a tomar en cuenta:
1. Los verbos modales no tienen forma de infinitivo o participio.
2. Siempre van después de un verbo base en forma infinitiva.
3. No pueden ser usados en forma de pasado.
4. No tienen forma de plural.
5. Deben coincidir con el sujeto en tercera persona (he, she, it).
6. La negación se hace agregando "not" después del verbo modal. Ejemplo: I could not go (no pude ir).
7. La forma interrogativa se hace poniendo el verbo modal al principio de la frase.

COMPLETA LAS SIGUIENTES ORACIONES CON EL VERBO MODAL ADECUADO: "CAN, MIGHT, SHOULD AND MUST"

1. I _____ speak French fluently.
2. She _____ finish her homework before dinner.
3. We _____ visit our grandparents this weekend.
4. I __ go to the store later. (can)
5. We __ watch the movie tomorrow. (might)
6. You __ turn off the lights when you leave the room. (should)

Present continuous / Presente continuo

El tiempo **presente continuo** se utiliza para describir **acciones que están sucediendo ahora o alrededor de este momento**.
 Se forma utilizando **el tiempo presente del verbo "to be" (am, is, are**) y agregando la forma de **participio presente (-ing)** del verbo principal.

Usamos el presente continuo de la manera siguente:

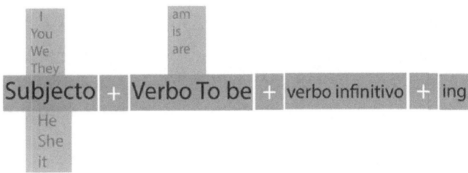

- I am **playing** soccer.
- She is **studying** for her exam.
- They are **watching** a movie.
- I am currently **typing** on my computer.
- She is **listening** to music while doing her homework.
- They are **playing** soccer in the park.
- He is **cooking** dinner for us tonight.
- We are **watching** a movie right now.

Question with present continuous

Para hacer preguntas usando el tiempo **presente continuo**, **invierte el sujeto y el verbo "to be"**. Por ejemplo:

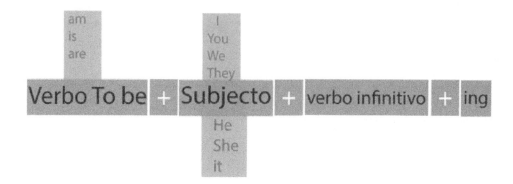

Afirmaciones:

- She is cooking dinner.
- They are playing soccer.
- I am studying for my exam.

Preguntas:

- **Is she cooking dinner?**
- **Are they playing soccer?**
- **Am I studying for my exam?**

Negaciones con presente continuo

Para hacer una oración negativa usando el tiempo presente continuo, ponemos el tiempo presente del verbo "to be" (am, is, are) seguido de la palabra "not" y la forma del participio presente (-ing) del verbo principal. La fórmula es:

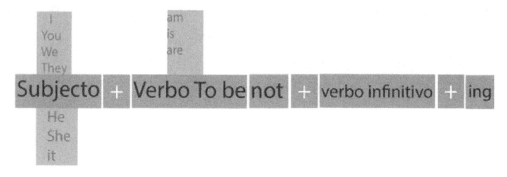

Simple present

El tiempo presente simple se usa para describir acciones que son habituales, repetidas o verdaderas en el presente. Ejemplo:

I **eat** breakfast every morning.
you **go** to school on weekdays.

El tiempo **presente simple** usa la forma base del verbo (por ejemplo, "**eat**", "**go**") para todos los sujetos, excepto para la tercera persona del singular (he, she, it), que agrega "s" o "es" al final del verbo (por ejemplo, "**eats**", "**goes**"). Ejemplo:

She **eats** breakfast every morning.
He **likes** to swim everyday.

Regla para formar el presente simple.

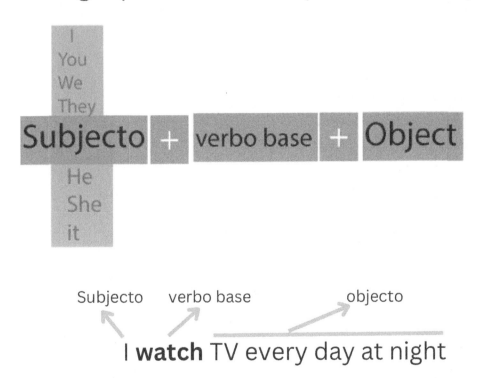

I **watch** TV every day at night

Presente simple con "es"

En el presente simple, los verbos en tercera persona singular (he, she, it) generalmente agregan "s" o "es" a la forma base del verbo. Aquí hay algunos ejemplos de verbos que agregan "es" en tercera persona singular.

- **Go** → Goes   Ir
- **Do** → Does   Hacer
- **Watch** → Watches   Mirar
- **Study** → Studies   Estudiar
- **Fix** → Fixes   Arreglar
- **Buzz** → Buzzes   Zumbar
- **Catch** → Catches   Atrapar
- **Kiss** → Kisses   Besar
- **Pass** → Passes   Pasar
- **Push** → Pushes   Empujar

Ejemplos:

1. She **watches** TV every night.
2. He **fixes** his car on the weekends.
3. The **bird** flies over the trees.
4. The teacher **teaches** English grammar.
5. The company **produces** high-quality goods.
6. The sun **rises** in the east and sets in the west.
7. The cat **chases** the mouse around the house.
8. The bus **passes** by my house every morning.
9. The computer **processes** data quickly and efficiently.

En el tiempo presente simple, cuando el sujeto es una tercera persona singular (**he**, **she**, **it** o cualquier sustantivo singular), agregamos "s" o "es" a la forma base del verbo.

La regla general es:
Si la forma base del verbo termina en "**s**", "**sh**", "**ch**", "**x**" o "**z**", agregamos "**es**" al final del verbo.

Si la forma base del verbo termina en una consonante más "**y**", cambia la "**y**" por "**i**" y agrega "**es**" al final del verbo. Ejemplo:

- He **studies** English for two hours every day.
- She **tries** to be on time for meetings.
- It **carries** the heavy load with ease.
- He **replies** to emails promptly.

Si la forma base del verbo termina en una vocal seguida de "**y**", simplemente se agrega "**s**" al final del verbo. Ejemplo:

- She **plays** the piano beautifully.
- He **buys** groceries every Saturday.
- It **enjoys** spending time outdoors.
- He **says** hello to everyone he **meets**.

Ejercicio. Escribe el verbo en la forma correcta

1. He _____ (watch) TV every night.
2. She _____ (brush) her teeth twice a day.
3. The cat _____ (hiss) at the dog.
4. The baby _____ (cry) when she's hungry.
5. The computer _____ (process) data quickly.
6. The teacher _____ (explain) the lesson clearly.
7. The bus _____ (pass) by the house every hour.
8. The clock _____ (tick) loudly in the quiet room.
9. The bird _____ (fly) gracefully in the sky.
10. The plant _____ (grow) slowly over time.

Respuestas

1. He __watches__ (watch) TV every night.
2. She _brushes__ (brush) her teeth twice a day.
3. The cat ___hisses__ (hiss) at the dog.
4. The baby ___cries_ (cry) when she's hungry.
5. The computer __processes__ (process) data quickly.
6. The teacher __explains__ (explain) the lesson clearly.
7. The bus __passes__ (pass) by the house every hour.
8. The clock __ticks__ (tick) loudly in the quiet room.
9. The bird __flies__ (fly) gracefully in the sky.
10. The plant __grows__ (grow) slowly over time.

Cuando usar "S" en el verbo base.

Con estos subjectos **NO** usamos "**S**" en el verbo base

NOTA:
Siempre que usamos **You**, **We**, **They** en el presente simple, ponesmo el verbo base SIN "**S**"

Con estos subjectos **SI** usamos "**S**" en el verbo base

NOTA:
Siempre que usamos **He**, **She**, **it** en el presente simple, ponesmo "**S**" al verbo base

Ejemplos:

he **plays** baseball on weekends.

She **runs** every day in the morning.

Practicar presente simple

1. My cat _____ (drink) milk every morning.
2. We _____ (play) basketball after school.
3. She always _____ (watch) TV before going to bed.
4. He never _____ (eat) vegetables.
5. They _____ (study) Spanish in school.
6. The sun _____ (rise) in the east and _____ (set) in the west.
7. I _____ (read) a book right now.
8. Sarah _____ (listen) to music every day.
9. Dogs _____ (bark) when they see strangers.
10. He _____ (work) at a bank.

Respuesta.

1. My cat __drinks__ (drink) milk every morning.
2. We __play__ (play) basketball after school.
3. She always _watches_ (watch) TV before going to bed.
4. He never __eats_ (eat) vegetables.
5. They __study_ (study) Spanish in school.
6. The sun __rises___ (rise) in the east and _____ (set) in the west.
7. I __am reading__ (read) a book right now.
8. Sarah __listens_ (listen) to music every day.
9. Dogs __bark__ (bark) when they see strangers.
10. He ___works_ (work) at a bank.

Posiciones de la boca y la lengua la pronunciación correcta en inglés.

Labios:

Relaja tus labios, pero mantenlos ligeramente separados. Al pronunciar algunas letras como "p", "b" y "m", necesitas cerrar tus labios juntos.

Dientes: Mantén tus dientes ligeramente separados al pronunciar letras como "th" y "v". Para sonidos como "f" y "s", necesitas acercar tu labio inferior a tus dientes superiores.

Lengua:

La posición de tu lengua es importante para la pronunciación en inglés. Por ejemplo, para sonidos como "l" y "n", tu lengua debería tocar el techo de tu boca detrás de tus dientes. Para sonidos como "k" y "g", necesitas tocar la parte posterior de tu lengua al paladar blando.

Mandíbula: Mantén tu mandíbula relajada y ligeramente abierta para producir sonidos claros en inglés.

Respiración:

Utiliza el aire de tus pulmones para producir sonidos claros y fuertes en inglés. Respira profundamente y utiliza tu diafragma para controlar tu respiración.

Práctica: Practica regularmente para mejorar tu pronunciación. Puedes utilizar recursos en línea, videos o materiales de audio para ayudarte a practicar la pronunciación correcta de las palabras en inglés.

Cómo pronunciar cada letra del alfabeto correctament.

A: Abre bien la boca y redondea los labios para formar un sonido fuerte y claro.

B: Junta los labios para producir un sonido de "b".

C: Toque la parte posterior del techo de la boca con la punta de la lengua para formar el sonido "k".

D: Coloque la lengua detrás de los dientes superiores para formar el sonido "d".

E: Abre la boca y relaja la lengua para producir un sonido claro y corto.

F: Toque la parte inferior del labio superior con los dientes superiores para formar el sonido "f".

G: Toque la parte posterior del techo de la boca con la lengua y la garganta para producir el sonido "g".

H: Abre la boca y exhala para producir un sonido suave de "h".

I: Estira los labios y coloca la lengua detrás de los dientes superiores para producir un sonido corto y claro.

J: Coloque la lengua detrás de los dientes superiores y exhale para producir un sonido de "y".

K: Toque la parte posterior del techo de la boca con la parte posterior de la lengua para producir el sonido "k".

L: Coloque la lengua detrás de los dientes superiores y toque el paladar para producir el sonido "l".

M: Junta los labios para producir un sonido de "m".

N: Coloque la lengua detrás de los dientes superiores y toque el paladar para producir el sonido "n".

Ñ: Coloque la lengua detrás de los dientes superiores y presiónela contra el paladar para producir el sonido "ñ".

O: Abre la boca y relaja la lengua para producir un sonido claro y corto.

P: Junta los labios y exhala para producir un sonido de "p".

Q: Toque la parte posterior del techo de la boca con la parte posterior de la lengua y la garganta para producir el sonido "k".

R: Coloque la lengua detrás de los dientes superiores y haga un sonido vibrante para producir el sonido "r".

S: Abre la boca y estira la lengua para producir un sonido de "s".

T: Coloque la lengua detrás de los dientes superiores y exhale para producir un sonido de "t".

U: Abre la boca y relaja la lengua para producir un sonido claro y corto.

V: Toque la parte inferior del labio superior con los dientes inferiores para formar el sonido "v".

W: Pronuncia un sonido "doble-u" juntando los labios y relajando la mandíbula.

X: Pronuncia un sonido "ks" estirando la lengua y cerrando la mandíbula.

Y: Pronuncia un sonido de "y" abriendo ligeramente los labios y estirando la lengua.

Z: Pronuncia un sonido de "z" estirando la lengua y cerrando la mandíbula.

Times *(tiempo)*

Día	Pronunciación	traducción
Today	(túu-dey)	hoy
Yesterday	(yes-ter-dey)	ayer
Tomorrow	(túu-mo-rou)	mañana
Morning	(mór-níin)	en la mañana
Afternoon	(af-ter-núum)	tarde
Evening	(íf-vi-níin)	noche de bienvenida
Night	(náit)	noche de despedida
Week (	wíik)	semana
Weekend	(wíi-kend)	fin de semana

Conversation.

Sarah: Hi John, how are you **today**?

John: I'm doing pretty well, thanks. How about you?

Sarah: I'm good, thanks for asking. What did you do **yesterday**?

John: Yesterday was pretty busy for me. I had to go to work in the **morning**, and then I went to the gym in the **afternoon**.

Sarah: That sounds productive. What are you planning to do **tomorrow**?

John: **Tomorrow** is Saturday, so I'm planning to sleep in a bit and then go for a hike in the mountains with some friends.

Sarah: That sounds like a great plan. Are you doing anything this **evening**?

John: Actually, I am. I'm meeting up with some coworkers for drinks after work. It should be a nice way to end the week.

Sarah: Sounds like a good way to unwind. Have fun!

Traducción.

Sarah: Hola John, ¿cómo estás hoy?

John: Estoy bastante bien, gracias. ¿Y tú?

Sarah: Estoy bien, gracias por preguntar. ¿Qué hiciste ayer?

John: Ayer estuvo bastante ocupado para mí. Tuve que ir a trabajar en la mañana y luego fui al gimnasio en la tarde.

Sarah: Eso suena productivo. ¿Qué planeas hacer mañana?

John: Mañana es sábado, así que estoy planeando dormir un poco más y luego ir de excursión a las montañas con algunos amigos. Debería ser un día divertido.

Sarah: Eso suena como un gran plan. ¿Estás haciendo algo esta noche?

John: En realidad, sí. Voy a encontrarme con algunos compañeros de trabajo para tomar unas copas después del trabajo. Debería ser una buena manera de terminar la semana.

Sarah: Suena como una buena manera de relajarse. ¡Que te diviertas!

Practicar. Relaciona el tiempo correspondiente

Today	Ayer
Yesterday	Weekend
Tomorrow	Tarde
Fin de semana	Mañana
Morning	Noche
Afternoon	Hoy
Evening	Noche
Night	En la mañana

El pasado simple.

El tiempo pasado simple es un tiempo verbal utilizado para describir una acción o **evento que se completó en el pasado**. También se le conoce como el tiempo pasado simple. En inglés, los verbos regulares forman el pasado simple agregando "-ed" al verbo en su forma base.

El pasado simple, lo formamos con el subjecto, luego, el verbo en pasado, despúes, el objecto de la oracion.
Ejemplo:

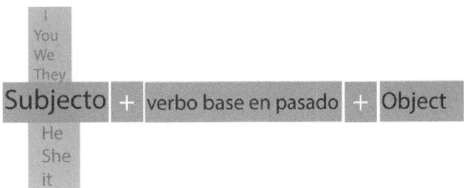

1. I **walked** to the park yesterday.
2. She **studied** hard for the exam last week.
3. He **visited** his grandparents last summer.
4. They **watched** a movie last night.
5. We **traveled** to Europe last year.
6. She **cooked** dinner for her family yesterday.
7. He **called** his friend yesterday afternoon.
8. They **played** soccer on the weekend.
9. I **cleaned** my room yesterday morning.
10. She **danced** at the party last night.

El pasado simple en preguntas.

Para hacer una pregunta usando el tiempo pasado simple, utiliza el verbo auxiliar "**did**" seguido del sujeto y la forma base del verbo principal.

Se debe tener en cuenta que el verbo auxiliar "did" se utiliza solo en preguntas y oraciones negativas en el tiempo pasado simple, ya que indica el propio tiempo pasado. En oraciones afirmativas, el verbo principal toma la terminación -ed para los verbos regulares, o la forma de pasado para los verbos irregulares, sin la necesidad de un verbo auxiliar. Ejemplo:

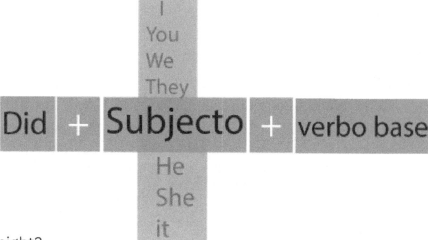

Did you go to the party last night?
Did she finish her homework on time?
Did they visit their grandparents last weekend?

Simple past tense with negative sentence.

Para hacer una oración negativa en el tiempo pasado simple, usa el verbo auxiliar "**did not**" o la contracción "didn't" antes del verbo base del verbo principal. La estructura de una oración negativa en el tiempo pasado simple es la siguiente:

Verbos en pasado simple.

1. walked   caminó

2. talked   habló

3. played   jugó

4. watched   miró

5. laughed   rió

6. cried   lloró

7. worked   trabajó

8. studied   estudió

9. asked   preguntó

10. opened   abrió

11. filled   llenó

12. waited   esperó

13. helped   ayudó

14. loved   amó

15. started   empezó

16. wanted   quiso

17. cleaned   limpió

18. decided   decidió

19. needed   necesitó

20. danced   bailó

Completar las oraciones siguientes:

Fill in the blanks with the correct form of the verb in the simple past tense:

a. She _____ (walk) to school yesterday.
b. They _____ (play) soccer in the park last weekend.
c. He _____ (watch) a movie with his friends last night.
d. I _____ (study) English for three hours yesterday.
e. We _____ (clean) the house before our guests arrived.

Rewrite the following sentences in the simple past tense

a. She is reading a book.
b. They are playing basketball.
c. He is watching TV.
d. I am studying for my exam.
e. We are eating dinner.

Repuestas.

a. She __**walked**__ to school yesterday.
b. They __**played**__ soccer in the park last weekend.
c. He __**watched**__ a movie with his friends last night.
d. I __**studied**__ English for three hours yesterday.
e. We __**cleaned**__ the house before our guests arrived.

---

a. She __**read**__ a book.
b. They __**played**__ basketball.
c. He **watched** TV.
d. I **studied** for my exam.
e. We **ate** dinner.

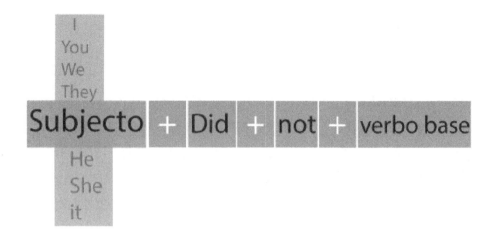

Tenga en cuenta que la forma negativa de "**did**" es "**did not**" o "**didn't**", y se utiliza solo en oraciones negativas e interrogativas en el tiempo pasado simple. En las oraciones afirmativas, el verbo principal toma el sufijo -ed para verbos regulares. Ejemplo:

- I **did not** go to the party last night.
- She **did not** finish her homework on time.
- They **did not** visit their grandparents last weekend.

Made in the USA
Las Vegas, NV
20 October 2023

79398353R00063